Gerard Jan

part de Didier et Valérie.

La PREMIÈRE ANNÉE de BÉBÉ expliquée aux HOMMES

Illustrations de Job, Joris & Marieke.

SOLAR EDITIONS

Avant-propos

Quand ma compagne est tombée enceinte, j'étais ravi de suivre l'évolution du bébé à naître sur le calendrier de grossesse. Mais le problème avec ce genre de calendrier, c'est qu'il parle toujours des mères et rarement de la grossesse proprement dite. J'ai donc décidé d'écrire mon propre guide en 2009, *La grossesse expliquée aux hommes*. D'autres livres sur l'art d'être père ont suivi.

La naissance a été pour ainsi dire une révélation pour moi. Je n'avais aucune idée des écueils qui m'attendaient, sans parler des dangers pour notre couple. Par ignorance et aussi par hasard, je n'ai pas su éviter les pièges les plus fréquents.

Je rêvais quand j'étais jeune de faire carrière dans la musique et je me voyais déjà jouer dans le monde entier. Le paradis, en un mot. Et c'était sur le point d'arriver ! Avec deux amis, nous avions décroché un contrat pour une grande maison de disque, mais tout a capoté au dernier moment. Déception générale. Mais à quelque chose malheur est bon et cet événement a été en fin de compte une bénédiction. Je venais d'être père et j'étais libre comme l'air. Je ne roulais pas sur l'or, mais j'avais tout le temps de m'habituer à ma nouvelle situation. La sage-femme s'est moquée de moi, car elle n'avait pas l'habitude de voir un homme en pyjama allongé à côté de sa femme récemment accouchée.

J'ai vite appris par la suite ce que signifiait avoir un bébé. Et combien cela peut être effrayant, bizarre, amusant, agréable et angoissant ! Mais génial aussi de partager cet événement avec quelqu'un qui éprouve les mêmes sentiments et peurs. J'ai vu des couples avec enfants se séparer dans mon entourage. Certains n'étaient peut-être pas assortis, mais d'autres m'ont

fait réaliser que cela aurait pu m'arriver si je n'avais pas été aussi présent à la maison. Car l'idée d'être père ne s'est pas immédiatement imposée à moi, elle a dû faire son chemin. Cela m'a pris plusieurs mois.
Je m'en suis finalement plutôt bien tiré vu que nous étions quatre un an plus tard. Mes enfants ont aujourd'hui 17, 16 et 11 ans et les premières années de leur vie ne sont plus qu'un vague souvenir. Avant d'écrire ce livre, je me suis remémoré cette époque et j'ai pris conscience que la présence du père est cruciale la première année, tant pour la compagne que pour le bébé.
Et surtout qu'un homme dans l'insouciance de la jeunesse n'est pas toujours à même de s'en rendre compte.

Le présent ouvrage, richement illustré par Job, Joris et Marieke, vous invite à suivre l'évolution tumultueuse de votre enfant. Si les bébés passaient autrefois pour des êtres passifs, déconnectés de leur environnement, on sait aujourd'hui qu'ils sont en quête de stimuli dès leur naissance. Un bébé cherche des choses intéressantes à regarder et à toucher et surtout la « troisième personne » magique à la voix grave qu'il connaît pour l'avoir entendue quand il était encore dans le ventre de sa maman : son père.

Gerard Janssen

Les prémices

Tout a débuté par la perte des eaux suivie d'une dilatation complète. Le col de l'utérus était ouvert au maximum et les contractions avaient commencé. Votre compagne a poussé un cri à mi-chemin entre le rugissement d'un lion et le mugissement d'une vache. Elle vous a regardé comme en proie à un besoin naturel hyper urgent. « Je n'en peux plus ! », a-t-elle hurlé.

Comme la sage-femme tardait à se mettre en route, vous avez attrapé votre portable et l'avez suppliée de venir au plus vite. En entendant les bruits d'animaux émis par votre compagne à l'arrière-plan, elle a déclaré : « Ça va, j'ai compris ». La poche des eaux a percé et une odeur écœurante s'est répandue dans la chambre. La sage-femme est arrivée et a cru bon de préciser : « J'adore cette odeur d'amandes douces », puis a encouragé votre compagne à pousser de toutes ses forces. Du liquide amniotique et du sang n'en finissaient pas de s'écouler… Cela allait durer des heures. Puis un énorme postérieur, de la grosseur d'une mangue, a soudain fait son apparition. Ça ne s'annonçait pas bien. Le postérieur sortait à chaque poussée et rentrait aussitôt, mais n'a plus reparu à un moment donné. « C'est la tête », a dit la sage-femme. « Poussez encore bien fort… Bravo… J'ai rarement vu pousser comme ça. » Votre compagne est devenue écarlate, puis a viré au violet. Les yeux lui sortaient presque de la tête et hop – votre bébé a jailli comme un calamar visqueux. Il a reçu une claque sur les fesses et s'est mis à hurler. Bienvenue !

Après avoir compté orteils et doigts, vous avez eu le droit de couper le cordon ombilical qui a craqué comme du cartilage de poulet. Votre compagne gisait là, épuisée, regardant avec amour le petit bébé collant sur son ventre. C'est fini, avez-vous pensé, sauf que la fête n'était pas terminée il restait encore à expulser le placenta ce qui a donné lieu à d'autres contractions. Une masse charnue ressemblant à un poisson plat est sortie après de nouvelles poussées. La sage-femme l'a attrapée par la queue. « Et voilà ! », a-t-elle lancé d'un air triomphant. « Oh… comme il est beau », a répondu votre compagne. L'ambiance était plutôt à la rigolade, chacune y allait de sa plaisanterie et se mettait à parler au bébé : « Bonjour, tu as fait du bon boulot » ou encore : « Tu aurais voulu rester plus longtemps à l'intérieur, pas vrai ? » Vous étiez le seul à ne pas faire de commentaire. Puis le bébé a eu droit à sa première couche et à un petit bonnet. C'était le début d'une merveilleuse aventure.

Quant à vous, vous aviez une faim de loup…

Les nouveau-nés ont un air bizarre avec leur tête pointue et leurs yeux qui bougent indépendamment l'un de l'autre. Sachez qu'ils dorment au moins dix-sept heures par jour. Le résidu de cordon ombilical à l'aspect noir et sec ne doit pas vous préoccuper, car il tombera tout seul au bout d'une semaine. Les premières selles peu ragoûtantes du bébé ressemblent à du sirop très foncé qui serait composé de résidus de cheveux à moitié digérés mélangés à de la bière artisanale.

La peau et les muqueuses de certains bébés peuvent devenir jaunes entre le deuxième et le septième jour. Si cela vous inquiète, consultez un médecin ou la sage-femme qui se fera un plaisir de vous rassurer.

Jambes arquées, votre compagne ne cesse de courir à la salle de bains qui ressemble bientôt à une scène de crime. Quant à la sage-femme, elle a élu domicile chez vous et regarde à tout bout de champ entre les jambes de votre compagne pour voir si tout va bien.

Vous allez chercher une fourchette à la cuisine et une fois sur place, vous ne savez plus ce que vous veniez y faire. Vous allez pourtant devoir descendre de votre nuage pour déclarer le bébé à l'état civil dans les trois jours ouvrés.

Votre bébé a également droit à une piqûre au talon. C'est la première fois qu'on abîme sa peau toute neuve et cela vous fait penser à un petit caillou pointu qui rayerait l'écran de votre téléphone flambant neuf. Un mauvais moment à passer.

Même si votre compagne en sait aussi long que vous sur l'allaitement maternel, elle se démoralise au moindre échec. Encouragez-la, dites-lui qu'elle s'en sort bien. Presque toutes les femmes qui allaitent sont sujettes à des engorgements douloureux au bout de cinq jours (parfois plus). Une douche bien chaude ou l'application de compresses chaudes sur les seins devrait y remédier.

Après la chute du résidu ombilical, vous pouvez caresser à satiété le petit ventre. Le bébé a un peu de reflux, comme on dit dans le jargon de l'obstétrique, c'est-à-dire une excrétion à mi-chemin entre un crachat et un jet de vomi. Il rend des gorgées entières de lait et souffre souvent de crampes. Couchez-le et faites pédaler ses jambes ou tenez-le simplement à la verticale, vous aurez alors droit à un énorme pet ou rot.

Le bébé adore sucer : votre petit doigt, un doudou ou une tétine. Cette pratique longtemps considérée comme néfaste tant pour le développement psychique que pour la dentition future du bébé n'est pas aussi préjudiciable que vous le pensez. Des chercheurs se sont intéressés ces dernières années aux bienfaits de la succion d'une tétine ou du pouce et ont découvert que ça contribue, par exemple, à réduire le stress. Autrement dit, un bébé qui suce est un bébé heureux. Si vous n'en êtes pas convaincu, essayez de sucer votre pouce, juste pour voir.

Les parents – semaine 2

Il règne en général une grande effervescence juste après une naissance. Vos pères, mères, sœurs, frères, meilleurs amis et amies sont sans doute déjà venus voir le bébé. Rien ne presse pour l'envoi des faire-part et à la maternité, retardez le plus possible les visites. La pression extérieure est forte, mais c'est à vous de décider à quel moment ouvrir la porte, tel l'assistant personnel d'une célébrité mondiale qui s'emploie à canaliser les visiteurs. Vous aurez sans doute tendance à considérer que certaines visites sont plus sympas que d'autres. Celles de vos amis, par exemple, mais votre compagne risque de ne pas être encore suffisamment rétablie.

Aussi bizarre que cela puisse paraître, une femme ne tient pas à rester seule toute la journée avec ses enfants. Dans la plupart des cultures, les jeunes mères se font aider par leurs mères, belles-mères, tantes, sœurs, frères et pères. Et à défaut de mères et de sœurs, vous êtes la personne toute désignée pour rester avec votre compagne et l'aider à s'occuper du bébé. La perspective de devoir concilier votre nouvelle vie de papa avec une semaine de cinq jours de travail commence peut-être à vous inquiéter. Il n'est pas trop tard pour réfléchir à ce que vous voulez vraiment.

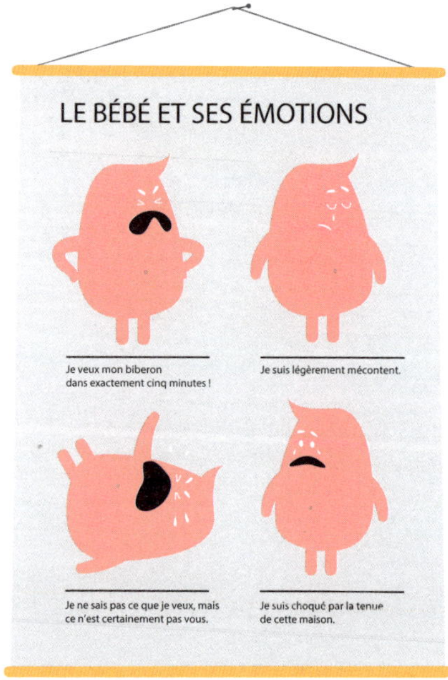

Pleurer est le seul moyen dont dispose le bébé pour communiquer et tous ses pleurs expriment des sensations différentes : faim, douleur, ennui, irritation, froid et… larmes de comédien. À vous de découvrir ce qui apaise votre bébé : des grimaces, faire le vélo avec ses jambes, jouer à « coucou caché », regarder des vidéos YouTube avec des explosions atomiques ou encore un ballon que vous vous amusez à gonfler. Bercez-le un peu plus vite ou un peu plus lentement pour trouver le bon rythme. Ses pleurs n'auront bientôt plus aucun secret pour vous.

Aussi étonnant que cela puisse paraître, vous avez maintenant l'impression d'être un père expérimenté. Vous changez les couches en deux temps trois mouvements. Vous avez posé les onze jours réglementaires de congé paternité à la suite de l'accouchement et devriez reprendre le travail cette semaine. N'hésitez pas à prolonger ce congé si vous n'avez pas envie de retourner tout de suite à la vie active ou si vous pensez être plus utile à la maison.

Vous n'avez pas fini de revivre les étapes de la naissance de votre bébé, des contractions au fauteuil d'accouchement en passant par la dilatation du col. Votre compagne se perd dans les détails en s'adressant à des amies récemment accouchées. Vous assistez alors à une sorte de compétition aux règles du jeu très compliquées : l'une a eu une dilatation totale avec épisiotomie, l'autre les forceps et une déchirure, un bébé pesait 3,2 kg, l'autre avait un tonus musculaire de 2… Gardez-vous bien de vous en mêler, ça ne vous concerne que de loin.

Le bébé – semaine 4

Le bébé se met à gazouiller et grogner. Ses hoquets résonnent comme un piano à pouces africain, ses éternuements comme une ancienne batterie électronique Atari qui serait tombée dans un pot de crème. Il découvre les jouets qui l'accompagnent partout, à savoir ses mains et ses pieds, et surtout il découvre qu'il peut les remuer sur commande et les fourrer dans sa bouche. La vie est d'une exquise facilité : il boit à intervalles réguliers, dort comme un loir et reçoit plein de câlins.

Il fait trop beau pour rester enfermé. C'est votre première balade et vous décidez de faire le tour du pâté de maisons avec votre compagne et de passer dire bonjour à des voisins. Vous allez au parc donner du pain aux canards et vous parlez de tout ce qui a changé dans votre vie. Votre moitié en profite pour évoquer son irrépressible envie de changer d'armoire, de lit et de tout un tas de meubles que vous allez devoir acheter et monter vous-même.

Le bébé – semaine 5

La première poussée de croissance a lieu entre la troisième et la sixième semaine et dure une dizaine de jours. Votre bébé peut grossir en l'espace d'un jour et grandir parfois d'un centimètre dans le même laps de temps ! Chacune de ces poussées s'accompagne d'une activité fébrile dans le cerveau.

Votre bébé se montre souvent grincheux et pleurniche pour un oui pour un non, surtout le soir quand vous tombez de fatigue. Cette période est aussi celle où il vous adresse son premier sourire !

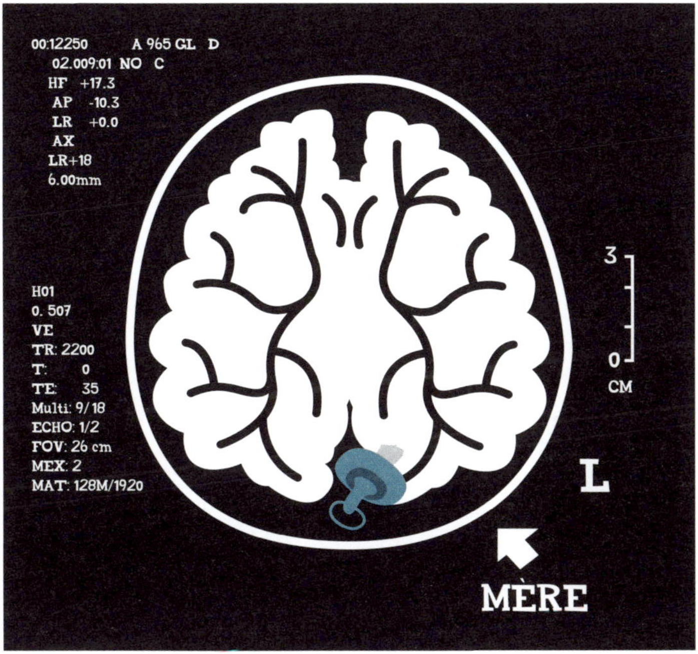

Ce premier sourire représente une étape importante pour de nombreux pères. Vous n'êtes pas le premier à éprouver un amour sans bornes pour votre enfant au bout de quelques mois. Un amour plutôt doux-amer, car vous allez vous faire un sang d'encre pour cet adorable bout de chou sans défense. Vous serez horrifié à l'idée qu'il puisse tomber malade ou qu'il doive vivre dans ce monde cynique. Vous vous réveillerez la nuit en pensant que votre cœur vous lâche, alors que vous faites simplement de l'hyperventilation. Votre compagne aura parfois aussi ce genre de réactions en vous regardant faire le ménage…

Cette semaine, le bébé sourit pour de bon et sans se faire prier, il ne s'agit plus des drôles de rictus du début. Vous remarquerez aussi qu'il vous suit du regard et même qu'il vous imite ! Approchez donc votre visage de ses yeux pour qu'il observe bien vos mimiques.

Chez les femmes, la grossesse s'accompagne d'une augmentation des hormones sexuelles comme la progestérone et l'œstrogène. La puberté est la seule autre période où l'équilibre hormonal change à ce point dans le corps des femmes. Tout se passe dans le cerveau où certaines liaisons entre les neurones disparaissent et d'autres se renforcent. Autrement dit, vous avez eu l'impression de vivre avec une sorte d'ado au cours des mois écoulés. La neuroscientifique néerlandaise Elseline Hoekzema a dirigé une équipe de chercheurs à Barcelone. Ils ont suivi 25 femmes qui étaient devenues mères pour la première fois et ont scanné leur cerveau avant qu'elles ne tombent enceintes, pendant la grossesse et après la naissance de leur premier enfant. La comparaison des résultats a révélé des changements significatifs dans les hémisphères cérébraux à l'endroit où siègent les fonctions cognitives et notamment l'empathie. Deux ans plus tard, les changements étaient toujours visibles chez les 25 femmes.

Désormais maître de ses mouvements, le bébé pourra bientôt attraper des objets. Selon les dernières découvertes, les bébés perçoivent mieux les objets qu'on ne le pensait à l'origine. Ils ont un réflexe inné d'attraper ou de chercher. Si vous touchez le visage de votre bébé, il avance et recule comme pour chercher un mamelon. Il n'a toutefois pas ce réflexe quand il touche son propre visage, ce qui signifie qu'il fait une distinction entre ses propres actions et celles d'autrui.

Tout est une question de confiance dans la vie et la confiance se mérite ! Une jeune mère se comporte souvent en madame-je-sais-tout qui veut tout faire par elle-même. Résultat, elle est stressée, voire désagréable. Anticipez ce genre de situation en lui servant un café puis mettez le bébé dans son landau et allez faire un tour. Pourquoi ne pas en profiter pour faire un saut chez des amis, histoire de connaître les derniers potins ? Après une bonne promenade, votre bébé tombera de sommeil et lorsque vous rentrerez votre compagne sera sans doute de meilleure humeur voire même en train de faire un petit somme elle aussi. Tout sera rentré dans l'ordre !

La mélatonine régule les rythmes chronobiologiques. Or, votre bébé n'en produit pas plus la nuit que le jour au cours de la première année. Autrement dit, il ne sent pas s'il fait jour ou nuit et peut donc être franchement réveillé… en pleine nuit. Il dort encore beaucoup de jour comme de nuit, contrairement à vous qui ne parvenez plus à vous rendormir une fois que vous êtes réveillé.

Le bébé a 8 ou 9 semaines quand il reçoit ses premiers vaccins : une piqûre DTP contre la diphtérie, le tétanos et la polio, une autre contre la coqueluche et l'hépatite B. Il a droit en même temps au vaccin antipneumococcique.

Même si vous en mourrez d'envie, ne vous jetez pas sur le médecin-piqueur. Le vaccin est une mesure préventive et vous ne souhaitez certainement pas que votre enfant attrape ces maladies graves.

Le bébé – semaine 9

Le bébé entend déjà quand il est dans l'utérus et son ouïe continue à se développer après la naissance. Deux mois plus tard, il est capable de discerner divers sons musicaux, comme le pincement de cordes ou les coups d'archet sur un violon. Il réagit donc de plus en plus aux bruits et il cherche leur provenance. Il apprend aussi à mieux utiliser ses yeux, il se concentre et repère davantage les contrastes.

Il reconnaît son père et sa mère quelques heures après la naissance aux contours de leur tête et à leurs cheveux. Au bout de deux mois, il est capable d'observer des ombres sur les visages et il s'intéresse de plus en plus aux autres. Il semble aussi regarder plus longtemps les visages attirants. Si vous n'êtes pas un canon de beauté, faites des grimaces ou des bruits bizarres pour attirer son attention. Et si vous avez une barbe bien fournie, attendez un peu avant de la couper, sinon votre bébé ne vous reconnaîtra plus. Certains bébés ont refusé de manger pendant des jours après avoir vu leur père fraîchement rasé !

L'allaitement est un sujet délicat. Face à un groupe de jeunes mères, vantez les avantages du biberon ou les qualités exceptionnelles du lait maternel et c'est parti pour un débat sans fin. Notez que si vous prônez l'allaitement, vous aurez un rôle décisif à jouer auprès de votre compagne. En effet, celui-ci demande beaucoup d'énergie à la mère. Montrez-vous à la hauteur en assumant les tâches ménagères : ménage, cuisine, courses et rangement. Offrez à votre compagne un paradis domestique bercé par les ronronnements de la machine à laver et les odeurs de détergents. Elle aura ainsi moins vite envie d'abandonner l'allaitement pour passer au biberon. Et si l'allaitement ne peut pas se faire, abstenez-vous d'émettre des objections de principe quant au lait maternisé. Soit dit en passant, les laits de soja, de quinoa et de chanvre ne conviennent pas pour les bébés.

Le bébé commence à bien contrôler ses mains, ses lèvres et sa langue. Tout ce qu'il peut attraper trouve vite le chemin de sa bouche qui mâchouille et mord allègrement. Les glandes salivaires fonctionnent aussi à plein régime. Ayez des lingettes à portée de main, car votre bébé va mettre de la bave partout.

Le gigotement du bébé correspond en fait à un déplacement horizontal. C'est un effort tout à fait inutile, car le bébé n'a pas encore la force de se tenir debout et de garder son équilibre. Un transat lui permettra par contre de gigoter comme bon lui semble et il finira par s'endormir de lui-même en se balançant. S'il cesse de gigoter et que son visage devient écarlate, vous savez qu'il est temps de changer sa couche.

Maintenant que votre bébé dort toute la nuit (pour les plus chanceux), vous pouvez en principe rattraper votre retard de sommeil. Ne sous-estimez pas les effets délétères des mauvaises nuits, elles ont rapidement un impact sur votre forme et votre santé ! Si vous ne dormez pas assez, mettez-vous en congé maladie ou faites de petites siestes. Relayez-vous avec votre compagne pour que chacun puisse dormir à son tour. Dormir suffisamment rend la vie plus facile et agréable pour tout le monde.

Un père a souvent tendance à prendre de la brioche après la naissance de son bébé, mais difficile d'en donner les raisons : est-ce à cause de ses hormones en mutation ou d'une réduction des activités physiques ? Les sportifs sont souvent obligés de ralentir le rythme à l'arrivée d'un bébé. N'oubliez pas qu'un peu d'exercice de temps à autre est bénéfique (que vous en ayez envie ou non). Vous avez le droit de vous montrer un peu égoïste dans ce cas-là.

Votre bébé s'intéresse de plus en plus à son environnement et vous décidez de l'emmener au parc pour lui montrer les canards, les arbres et l'aire de jeux. Au cours de la promenade, vous rencontrez des gens, notamment des femmes, qui se penchent sur le landau et prennent une voix un peu niaise et aiguë pour s'adresser au bébé. Aussi étonnant que ça puisse paraître, des recherches ont montré que les bébés étaient sensibles aux différences de tons notamment aux hautes fréquences. Alors ne soyez pas timide, attendez que personne ne vous regarde et essayez un peu de gazouiller devant votre bébé !

Vous avez encore une grosse moto, une voiture de sport tape-à-l'œil ou un VTT de pro devant votre porte et vous vous rendez compte que les paris vont bon train dans le voisinage sur le temps qu'il vous faudra pour troquer tout ça contre un vélo triporteur.

Les pères ont parfois tendance à se tenir à l'écart et les mères à décider de ce qu'ils ont le droit ou non de faire avec le bébé. Si certains s'en accommodent fort bien, vous risquez de passer à côté de moments importants. Vous avez tout intérêt à partager les tâches et les soins apportés au bébé. Des études ont démontré les bienfaits pour le bébé du partage des soins pour qu'il connaisse et s'habitue à la façon de faire de ses deux parents. Vous verrez que l'ambiance à la maison sera également plus détendue. Et ça aussi, c'est important pour votre bébé !

Le bébé – semaine 12

Le bébé vous reconnaît maintenant depuis l'autre bout du salon. Il distingue les couleurs : rouge, bleu, jaune et vert. À partir de cette semaine, il commence à lever la tête et à se soulever sur ses avant-bras lorsqu'il est sur le ventre. Il pourra bientôt se retourner du ventre sur le dos et vous connaîtrez alors votre premier moment de frayeur en l'imaginant tomber de son lit.

Le bébé, qui jusque-là serrait les poings, ouvre maintenant ses mains en éventail.

Nous les hommes, nous avons besoin de temps pour nous. Nous aspirons à la tranquillité, ne penser à rien, n'avoir aucune obligation, agir comme bon nous semble. Prétendre faire quelque chose de complètement futile et oublier ce que l'on voulait faire l'instant d'après. Ne pas même être dérangé par le fil de ses pensées. Seuls les lions dans la savane africaine sont en mesure de nous comprendre (même s'ils n'ont que faire de nos petits problèmes). Maintenant que vous êtes père, vous devrez faire preuve de créativité pour réussir cette délicate mission : vous ménager de telles plages de temps ! Car soyez certain que personne ne le fera pour vous.

Le bébé se nourrit exclusivement de lait maternel pendant six mois environ. Le moment de passer à des aliments solides varie d'une société à l'autre et dépend des alternatives qui sont disponibles. Dans certaines communautés palestiniennes, par exemple, les enfants de 3 mois reçoivent des aliments que les mères (ou nourrices) ont prémâchés.

Le bébé tient maintenant des conversations plus longues du genre : « gaga ah goo dada ».

On ne devient pas père du jour au lendemain. La paternité s'acquiert avec l'expérience. Et elle s'accompagne souvent de sentiments d'angoisse et de désespoir. Êtes-vous compétent pour assumer une aussi grande responsabilité ? Quand trouverez-vous le temps de réaliser tous ces projets qui vous tenaient à cœur ? Êtes-vous prêt pour ce nouveau statut ? Êtes-vous toujours maître de votre destin ? Autant de questions qu'un père se pose, consciemment ou non.

Vous éclatez parfois en sanglots sans savoir pourquoi. Sachez que vous n'êtes pas le seul à qui ça arrive. Allez donc vider quelques bières avec un ami, histoire de vous épancher et de vous défouler un peu.

Les bébés passent le plus clair de leur temps à dormir, et ce en général dans leur propre lit, même si cet usage n'est pas au goût de tout le monde. Vous imaginez en effet sans peine ce qu'éprouve votre bébé à se retrouver seul et impuissant, à ne pouvoir ni marcher, ni parler et à avoir peur de se réveiller dans le noir. Rares sont les cultures où les parents laissent dormir les bébés seuls. Beaucoup vont même jusqu'à considérer une telle pratique comme de la maltraitance. Et rares sont aussi les cultures où des gens ivres morts dorment sous d'épaisses couettes avec une montagne d'oreillers. Si vous voulez prendre votre bébé dans votre lit, abstenez-vous de boire plus que de raison, de fumer dans la chambre, d'utiliser des couettes épaisses et de surcharger le lit d'oreillers.

Le bébé commence à anticiper la tétée : il ouvre sa petite bouche pour recevoir le biberon ou le sein maternel.

L'heure est venue de redéfinir des concepts comme *cool* et *hype*. Les héros anciens cèdent la place aux nouveaux. Les pilotes de course, musiciens et artistes naguère terriblement enviables ont perdu leur prestige. Tel guitariste avec sa bague à tête de mort apparaît enfin sous son vrai jour : celui d'un frimeur.

Vous découvrez peu à peu une nouvelle signification du mot *cool*. Le chanteur Terry Callier, par exemple, a abandonné sa carrière de musicien pour devenir informaticien et s'occuper seul de sa fille. Cette petite a eu bien de la chance !

Maintenant que le bébé commence à voir en relief, vous pouvez envisager l'achat de lunettes 3D, même si votre compagne désapprouve totalement.

L'odeur de caca de lait maternel non digéré de couleur jaune moutarde vous est devenue familière. « Visqueux, parfois aqueux, avec des grumeaux ou fragments et à l'odeur acidulée », peut-on lire sur certains sites Internet et dans des guides à l'attention des jeunes parents, bien que le qualificatif « dégoûtant » décrive mieux la chose. Et pourtant ce n'est que le début, car dès le début de la diversification, le caca de votre bébé se rapprochera de plus en plus de celui d'un adulte.

Le premier accès de fièvre de votre bébé fait l'effet d'un tsunami. Le pauvre petit chéri est si apathique et malheureux ! Vous googlez immédiatement les symptômes en imaginant une douzaine de scénarios catastrophes. Vous installez le bébé dans le siège auto et foncez aux urgences où les médecins ont l'habitude de rassurer les parents inexpérimentés. Si vous estimez que la démarche n'a pas été concluante ou si votre compagne a encore des doutes, attrapez le téléphone ou retournez chez le médecin. Répétez l'opération jusqu'à ce que vous soyez totalement rassuré. En général, personne ne trouve à y redire quand il s'agit de bébés.

Le bébé pleure davantage lorsque ses premières dents percent. Ce phénomène se produit entre le quatrième et le septième mois, mais peut attendre jusqu'au neuvième mois.
Il pleure aussi pour exprimer son désaccord ou s'il a besoin qu'on s'occupe de lui. Il ne sait pas encore parler, mais s'exerce à prononcer des consonnes et à produire des sons comme « ma », « ka » et « dada ». Et il s'amuse depuis peu à souffler entre ses lèvres à moitié fermées : « brrr-rrr ! »

Votre compagne est devenue incollable sur le thème des bébés. Elle reçoit en cadeau et achète des guides comme celui-ci, navigue sur Internet et se fait conseiller par des parents et amis. Montrez-vous sceptique et ne prenez pas tous les conseils pour argent comptant. Des psychologues qui étudient et comparent de jeunes parents dans le monde entier considèrent les parents occidentaux comme des exceptions très étranges qu'ils qualifient de WEIRD (*Western Educated, from Industrialized societies, Rich and living in Democratic nations*, soit Occidentaux instruits, de sociétés industrialisées, riches et vivant dans des démocraties). Notre gestion des bébés n'est absolument pas représentative de ce qui est « normal » dans le monde et dans l'histoire de l'humanité, pour peu que la normalité existe. Le principe selon lequel un bébé entretiendra des liens étroits avec ses parents et moins, par exemple, avec les voisins n'est pas aussi évident dans de nombreuses cultures où la communauté entière assume la responsabilité d'un enfant. Comme le dit un proverbe africain : « il faut tout un village pour élever un enfant ».

Le bébé – semaine 17

Le bébé devient un véritable clown : il répète comme un perroquet, fait des grimaces, rit et pleure. Laissez-vous prendre au jeu, cherchez le contact visuel et répétez ce que dit votre enfant. Il n'y a rien de plus drôle pour un bébé qu'un visage qui émet des sons, surtout quand il s'agit du visage de son père.

Ses mains se joignent de plus en plus souvent en jouant. Le langage gestuel permet, à l'instar de la langue des signes pour les malentendants, de communiquer avec les bébés. Apprenez la si vous avez du temps, vous faciliterez ainsi les échanges avec votre enfant.

Habiller un bébé est un combat au corps à corps : autant essayer d'enfiler un pantalon à une pieuvre ! Vous avez toutefois un avantage majeur par rapport à votre compagne, car vous n'attachez aucune importance à ce qu'il porte. Vous vous contentez d'un simple pantalon de jogging et d'un sweatshirt ample. Il y a toutefois de fortes chances pour que votre bébé n'apprécie pas du tout, donne des coups de pied et refuse de coopérer.

La naissance d'un enfant est souvent l'occasion pour les couples de resserrer les liens et de passer beaucoup de temps ensemble. Malheureusement, le père doit vite retourner au travail et passe moins de temps avec son bébé. Les nuits fractionnées et les nouvelles tâches ménagères deviennent pesantes et les disputes ne tardent pas à éclater. Vous vous réfugiez alors dans le travail et rentrez le plus tard possible à la maison, au risque d'aller au-devant d'autres problèmes. Ne laissez pas la situation se dégrader. Il n'y a rien d'anormal à se disputer, cela peut même être salutaire si vous savez faire amende honorable. Un petit conseil : essayez de régler les désaccords avant d'aller dormir.

Le bébé vous regarde avec de grands yeux, sa vision est parfaite et le tridimensionnel n'a plus de secret pour lui. Un beau jouet l'occupe dix à quinze minutes et même s'il n'a pas besoin d'une montagne de jouets, il est bon de lui en offrir un nouveau de temps à autre. Les formes, couleurs et textures nouvelles sont une expérience inédite pour lui. Et n'oubliez pas que vous êtes son jouet le plus agréable tant que votre téléphone portable ne vous détourne pas sans cesse de lui.

Les hommes sont parfois désorientés par de nouvelles responsabilités, mais ils s'abstiennent généralement d'en parler. En revanche les femmes vont y réfléchir et en parler… parfois un peu trop ! Si vous exprimez davantage vos opinions et vos doutes, votre compagne parlera moins et chacun y trouvera son compte.

Les relations sexuelles se font moins fréquentes et deviennent plus compliquées. Votre femme n'est pas moins sexy à vos yeux, mais elle préfère dormir plutôt que faire l'amour. Il vous faut désormais planifier vos ébats amoureux. L'attente augmente le plaisir, à ce qu'on dit. Préparez le terrain en éliminant les jouets qui se trouvent dans la chambre. Il ne s'agit pas de gâcher le moment suprême avec une tortue en peluche qui se met à couiner ou un cube en bois sur lequel vous roulez. Bannissez également les hochets à grelots ainsi que les téléphones qui risquent de vous déranger au pire moment.

Le bébé – semaine 19

Le bébé s'assoit maintenant avec votre aide et voit le monde sous un autre angle. Ces petites mains agrippent tout ce qui se trouve à leur portée. C'est un bon exercice en soi, mais il est plus difficile que vous ne le pensez pour un bébé de tendre le bras et d'attraper un objet. Il doit en effet d'abord évaluer la distance, puis s'étirer, pour s'apercevoir que l'objet se déplace en même temps que lui. L'entreprise est plutôt périlleuse et votre bébé semble s'interroger : comment mon vieillard de père s'y prend-il ? Par mesure de précaution, placez la théière brûlante hors de sa portée.

Le bébé commence aussi à expérimenter le transfert d'objets d'une main à l'autre. Cela peut paraître simple, mais il ne faut pas s'y fier.

Aidez votre bébé à associer des sons, des mots et des objets en disant, par exemple, « nez » tout en touchant son nez. Les livres illustrés vous seront aussi d'un grand secours. Montrez l'image d'un cochon et dites de quoi il s'agit ou émettez un grognement ou si vous êtes d'humeur à plaisanter, dites : « regarde, c'est maman ! »

Les mères qui savent tout mieux que les autres ont souvent le chic pour exaspérer leur entourage. Quand vous pensez entendre un pleur de faim, votre compagne soutient qu'il est question de fatigue. Ne vous laissez pas démonter, en passant beaucoup de temps avec le bébé vous pourrez étudier et bien différencier ses pleurs. Vous finirez par gagner le respect de votre compagne en visant juste à chaque fois.

Votre bébé babille et s'efforce de s'exprimer, bien que le résultat laisse encore à désirer : « dadababa ». Essayez de deviner le sens de ce charabia.

Le bébé est probablement capable de rouler du dos sur le ventre. Prenez toutefois garde en le mettant au lit, car il lui est plus difficile de se remettre sur le dos tout seul.

Placé devant un miroir, le bébé se voit et rit. Il exprime aussi diverses émotions en faisant des mimiques.

Il attrape désormais lui-même des objets pour l'instant avec la paume de la main. Très bientôt, il utilisera son pouce et son index.

Votre vie insouciante et égocentrique appartient désormais au passé et cela vaut aussi pour votre compagne. Vous allez sans doute trouver que vous faites plus de concessions qu'elle. Les disputes et reproches sont inévitables, c'est presque une loi de la nature. Mais ceux-ci doivent vous inciter à réfléchir. Votre compagne a peut-être raison après tout, ça vaut la peine de se remettre en question et de tout mettre à plat après chaque prise de bec. Et surtout, dédramatisez, se disputer un peu n'a jamais nui à personne.

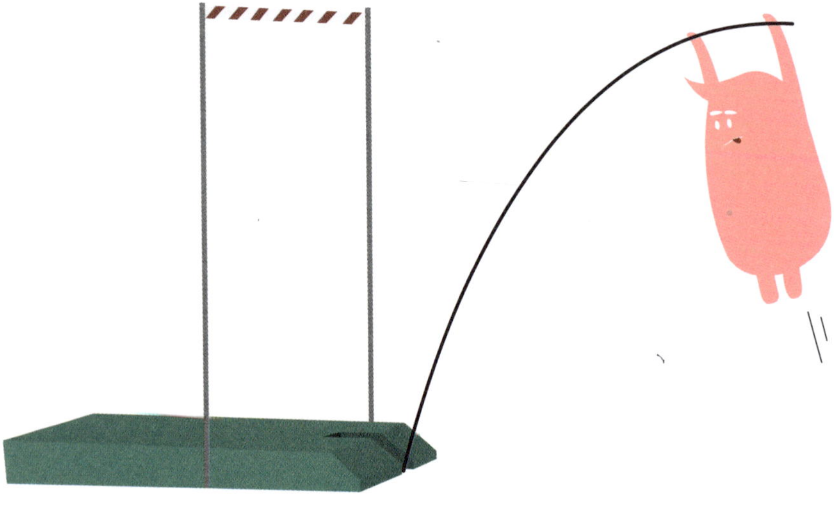

Votre bébé est bien décidé à tracer son chemin : il gigote, gesticule pour essayer de se déplacer et remue ses petits bras dans tous les sens. C'est sa façon à lui de découvrir le monde qui l'entoure.

Vous préféreriez passer plus de temps avec votre compagne et votre enfant au lieu de travailler cinquante heures par semaine ? Inversement, votre compagne adore son travail et ne se voit pas rester toute la semaine à la maison ? Tous les arrangements familiaux sont bienvenus du moment que ça vous convient à tous les deux. Et si ce n'est pas le cas, parlez-en et voyez comment en changer. Et surtout, oubliez l'idée ridicule qu'une femme est une mauvaise mère si elle travaille toute la semaine et qu'un homme est un raté s'il reste à la maison avec son bébé.

Le bébé découvre la pesanteur à peu près à cet âge. Le petit Einstein veut savoir à tout prix comment ça fonctionne exactement. Pourquoi un verre se brise-t-il en mille morceaux, mais pas une tétine ? Et pourquoi tout a un son différent : le fracassement d'un verre de cristal, le bruit sec d'un morceau de bois ? Vous avouerez que c'est fascinant ! Tout ce que le bébé prend dans ses mains est soumis à la loi de la gravitation. Cela pose un dilemme au père : doit-il protéger ses poteries ou les sacrifier à la science ?

Les imprévus vous déstabilisent ? Vous perdez une tétine et c'est la panique ? Pour y remédier, anticipez ! Attachez une peluche à votre bébé ou remplissez son berceau de tétines.

La compétition cachée qui se joue entre les mères est une nouveauté pour vous. Quand une mère s'écrie en voyant votre bébé : « Oh, comme il est beau ! », puis ajoute : « le mien est déjà grand comme ça », soyez assuré qu'elle cherche à vous en mettre plein la vue.

Votre bébé se muscle du haut vers le bas : d'abord les bras, puis les jambes. À cet âge, ses jambes deviennent de plus en plus fermes.

Il devient également sensible aux chatouilles. Il éclate de rire en voyant vos doigts s'approcher et rit à gorge déployée pendant vos petits jeux.

Il n'est pas facile de trouver une personne de confiance à qui confier votre précieux bébé. Votre compagne trouve qu'il est encore trop tôt pour avoir une baby-sitter, mais qu'il serait pourtant bien de pouvoir sortir en amoureux. Un petit dîner ou un déjeuner prolongé pendant que votre mère garde bébé peut faire des miracles. À vous d'organiser ça, même si d'habitude la logistique n'est pas votre fort.

Le bébé – semaine 24

À partir de 6 mois, votre bébé commence à se souvenir de ce qu'il voit et entend. Il reconnaît des mots comme « non » et « au revoir » et d'autres sons familiers, y compris les mélodies. Faites-lui écouter votre répertoire, mettez-vous au piano ou à la batterie pour accompagner votre voix.

Il parvient aussi à se concentrer et rien ne lui échappe. Il tend ses bras en voyant que vous voulez le soulever. Profitez-en pour le prendre sur vos genoux, ouvrir un album et lui lire une histoire.

Les mères ne se lassent pas d'entendre des compliments, ne soyez pas avare :

- Ta façon de résoudre les problèmes m'impressionne.
- Qu'est-ce que tu as bonne mine !
- J'ai tant appris avec toi.
- Tu es très intelligente.
- Tu es très créative.
- J'admire la façon dont tu t'organises.

L'heure des grandes découvertes a sonné pour le bébé qui s'assoit et rampe désormais tout seul. Contrairement à ce que vous pouvez lire dans les livres, tous les bébés n'évoluent pas de la même manière. C'est une question d'horloge interne.

Cette semaine, vous êtes magicien : vous cachez un objet sous une couverture et votre bébé croit qu'il s'est volatilisé et se met à pleurer à chaudes larmes. Avouez que la disparition mystérieuse d'un objet a de quoi perturber.

Il est possible que le caractère de votre compagne change du tout au tout : elle n'est plus aussi gaie, ne rit plus à vos blagues et elle ne semble plus vous trouver aussi sexy et intéressant que par le passé. Allez au-devant d'éventuels reproches en accomplissant vos tâches ménagères avec le plus grand soin ; pliez le linge, videz le lave-vaisselle et accrochez enfin ce tableau au mur. Faites-la rêver en sortant un peu des sujets quotidiens et en suggérant des vacances dans un pays lointain, une sortie au cinéma, au théâtre, au restaurant ou une petite fête entre amis. Faites preuve d'imagination pour lui redonner le moral !

Votre bébé a six mois. Il a franchi un cap important qui mérite d'être célébré au même titre qu'un anniversaire. Vous remarquez sans doute que votre enfant devient un peu plus farouche. Les inconnus lui font peur et il craint aussi d'être séparé de sa mère et de vous.

Si vous avez eu des sœurs, vous pouvez ignorer ce qui suit. Mais si ce n'est pas le cas, plongez-vous d'urgence dans l'étude de la logique féminine.

Aussi bizarre que cela puisse paraître, votre compagne ne cherche pas de solutions quand elle aborde des problèmes avec vous. Elle veut une oreille attentive, un regard bienveillant et quelques hochements de tête signifiant que vous comprenez ce qu'elle dit. C'est souvent tout ce dont elle a besoin !

Votre bébé est fasciné par le principe de cause à effet. Vous appuyez sur un bouton et la machine à café glougloute, vous tirez la queue du chat et il miaule, vous empoignez le téléphone et vous devenez le chef. Mais il n'a toujours pas résolu le mystère de la balle en caoutchouc que vous pouvez jeter par terre des centaines de fois et qui refuse de se casser.

Des changements radicaux peuvent s'opérer chez votre compagne. Elle qui adorait les chats avant la naissance de votre enfant, injurie et chasse maintenant la pauvre bête, surtout si le matou en question a fait ses besoins ou s'est couché dans le lit du bébé.

Le bébé – semaine 28

Avec votre compagne, vous faites maintenant partie des personnes favorites de votre bébé. Le reste du monde ne l'intéresse pas, mais alors pas du tout. Il panique quand vous vous éloignez ou quand il se trouve dans une autre chambre. Vous allez donc devoir instaurer un rituel. Faites-lui un geste de la main en partant et embrassez-le gaiement à votre retour. Habituez-vous à l'idée que votre bébé veut désormais vous avoir en chair et en os avec lui en permanence.

Il est très instructif de regarder un bébé apprendre. Votre bébé va mettre à profit deux méthodes d'apprentissage. La première, essai et erreur, consiste à faire un essai, puis à changer de tactique en cas d'échec. La deuxième est l'imitation. Votre téléphone portable est le jouet favori de votre bébé. Ce qu'il veut en réalité, c'est jouer au papa. Sachez que ça n'a rien de simple ou futile, l'imitation est un exercice extrêmement complexe et instructif.

Votre bébé aime se rouler dans tous les sens. Il passe du dos sur le ventre et tend ses bras comme s'il allait sauter en parachute. Il bouge avec maladresse et lenteur, se retrouve parfois empêtré sous un tapis ou coincé contre le pied d'une chaise. Comme il a plus de force dans les bras que dans les jambes, il ne réussira pas toujours à avancer dans la direction souhaitée. Certains bébés ne se montrent pas aussi téméraires et préfèrent rester sagement assis à regarder autour d'eux, ce qui n'est pas mal non plus !

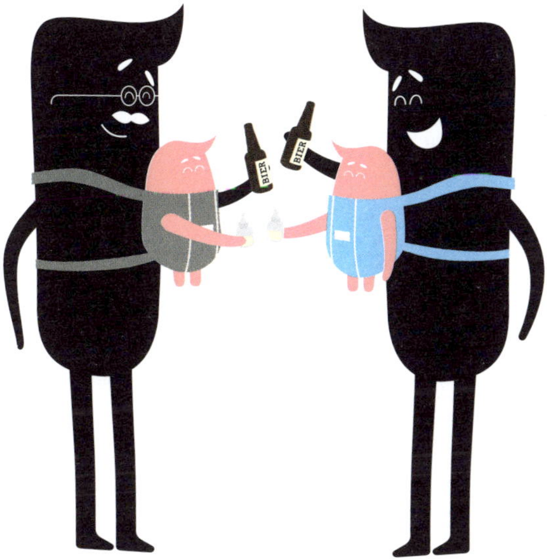

Les dépenses s'accumulent rapidement à l'arrivée d'un bébé et vous avez la responsabilité de bien gagner votre vie. Le problème, c'est que vous passez désormais le plus clair de votre temps à la maison. Votre compagne est obligée de travailler plus ou de s'absenter souvent de la maison pour gagner davantage d'argent.

L'amitié, ça ne se commande pas et manifestement, votre compagne est plus douée que vous pour sympathiser avec des gens qui ont des enfants du même âge que le vôtre. Elle va même jusqu'à devenir la meilleure amie de la femme qui habite deux rues plus loin et qui vient d'avoir un bébé. Vous n'êtes sans doute pas très à l'aise avec ce genre de relations, mais au moins les règles sont simples : on ne vous demande que de parler bébés.

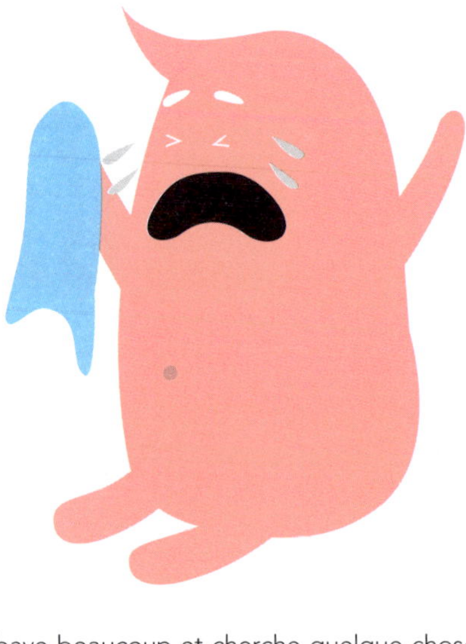

Si votre bébé bave beaucoup et cherche quelque chose à mâchouiller, vous pouvez être sûr qu'il fait ses dents. Donnez-lui un anneau de dentition à mordiller. Il existe même des modèles avec de l'eau ou du gel qui apaise la douleur.

Ensemble ne signifie plus être à deux, mais à trois. Certains parents se sentent parfois oubliés, car il n'y en a que pour le bébé. Votre compagne a l'impression que sa vie se résume désormais à assumer des tâches ingrates comme nourrir le bébé et faire le ménage. Et vous, vous avez la désagréable impression d'être devenu la cinquième roue du carrosse, car le bébé accapare votre compagne.

Votre bébé discerne maintenant un visage souriant d'une mine maussade, ainsi que la joie de la tristesse dans la voix. Il est sensible aux émotions de son entourage. Bien que les hurlements lui fassent peur, il sait très bien exprimer aussi sa propre colère.

La différence de traitement entre les parents ne vous a sans doute pas échappé. Un père n'a pas besoin de prouver ses compétences et on est toujours prêt à lui pardonner quand il cafouille en s'occupant de son bébé. Mais une mère qui se rend coupable de la même maladresse attire systématiquement sur elle des regards réprobateurs. Elle est pourtant la première à se précipiter quand le bébé pleure ou à remettre un peu d'ordre dans la maison (pour mieux se plaindre ensuite qu'elle se coltine toutes les corvées toute seule !) Elle a sans doute de bonnes raisons d'être mécontente même si ce n'est pas forcément de votre faute. Elle n'a tout simplement pas la même vision des choses que vous. Vous éviterez de nombreuses disputes si vous parvenez à expliquer à votre compagne que vous n'étiez tout simplement pas sur la même longueur d'onde et si vous parvenez à en rire tous les deux.

Votre bébé a une nouvelle lubie : se tenir debout. Il n'y parvient pas encore très bien, mais il essaie en s'agrippant à tout ce qui se trouve sur son chemin et en manquant de s'effondrer à chaque pas.

Les hommes savent s'occuper des bébés aussi bien que les femmes. D'ailleurs, les bébés élevés par deux hommes s'en tirent à merveille. Même chose quand deux femmes assument le rôle de parents. La féminité ou la masculinité n'entre donc pas en ligne de compte en la matière. L'essentiel est qu'il y ait plusieurs personnes pour s'occuper du bébé, car les enfants en bas âge aiment le changement.

Votre bébé commence à avoir son petit caractère. Quand il n'est pas d'accord, il ne se prive pas de le faire savoir. Ses émotions sont en quelque sorte des ballons d'essai qu'il lance pour essayer de contrôler son environnement. Et vous êtes son cobaye tout désigné.

Votre vision globale du monde et vos relations avec vos amis, parents et grands-parents sont en train de changer. Désormais, vous comprenez mieux les amis qui ont des enfants, vous considérez vos parents sous un autre angle et vous jetez un regard différent sur votre entourage, car en fin de compte, nous avons tous été des bébés et nous avons tous eu des parents.

Votre bébé prépare une offensive : il avance sur le ventre à la recherche d'objets qui l'attirent. Surveillez les jolis objets design fragiles que votre compagne laisse traîner et mettez tout ce qui s'attrape facilement hors de la portée du bébé.

Vous remarquez que regarder la télé sur le canapé avec votre compagne n'est plus tout à fait comme avant. Les films d'action avec kidnapping d'enfants vous scandalisent. La politique vous ennuie et l'actualité vous déprime. Les comédies romantiques sont décevantes et les documentaires sur la nature insupportables. Les émissions culinaires sont à peu près potables. Elles vous donneraient presque envie de faire une démonstration de vos talents de cuisinier.

Votre bébé coordonne de mieux en mieux ses yeux et ses mains. Il commence à utiliser son pouce et son index pour attraper des objets. Il réussit même à agripper un biberon et à le porter à sa bouche. Et il ressemble parfois à un athlète qui se met dans les starting-blocks : accroupi avec les fesses qui bougent d'avant en arrière.

Selon la psychologue et philosophe américaine Alison Gopnik, les bébés font preuve d'un développement cognitif exceptionnel. Leur attention est comme une grosse lanterne qui éclaire tout l'espace, tandis que celle d'un adulte ressemble à une lampe de poche axée sur une seule chose. Les adultes ne sont plus des papillons, ils avancent et rampent telles des chenilles et exécutent les tâches en pilote automatique. Les inventeurs ont, quant à eux, conservé leur capacité de penser comme des bébés. Si votre compagne vous reproche une fois de plus votre manque de maturité et votre puérilité, soyez fier de sentir le papillon en vous.

Certains bébés commencent peut-être à ramper, alors que d'autres marchent depuis longtemps. Il y en a même qui ne rampent pas du tout. Mais cela ne doit pas vous inquiéter. Dans certaines tribus en Nouvelle-Guinée, par exemple, les bébés ne rampent pas. Ils avancent sur les fesses avant de savoir marcher. Pour eux, c'est dans l'ordre des choses. L'anthropologue américain David Tracer considère la reptation comme une évolution relativement récente liée à la présence de surfaces propres et lisses. Pas de panique, votre bébé dépassera vite ce stade.

Les consommes *d*, *t* et *v* peuvent entrer dans le vocabulaire à cet âge.

Votre cuisine, qui convenait parfaitement avant l'arrivée de bébé, n'a plus, mais alors plus du tout les faveurs de votre compagne. Il lui faut un évier flambant neuf, un nouveau four, un frigo plus grand et elle prend soudain le carrelage en horreur… Vous faites le mort en attendant que ça passe. Elle ne veut pas que vous déménagiez non plus ? Ah zut… c'est bien ce qu'elle veut en fait !

Vous inventez des parcours qui permettent au bébé d'avancer en se tenant debout. Enfin, c'est un bien grand mot. En réalité, il ne fait que se dresser, s'accroupir et retomber sur ses fesses. Ne vous affolez pas et laissez-le s'exercer. Il lui faudra environ encore cinq mois pour pouvoir marcher vraiment.

Votre compagne rêve d'avoir une voiture dotée d'un coffre immense dans lequel elle pourrait entasser tout ce qu'elle juge indispensable. Mais comme vous n'allez tout de même pas changer de voiture, elle jette son dévolu sur un vélo triporteur pour entasser le bébé, toutes ses affaires, des bouquets de fleurs et j'en passe. Elle roule ainsi à trente ou quarante à l'heure, avec le bébé comme copilote. Vous vous dites qu'après tout le ridicule ne tue pas, mais vous ne vous privez pas de la taquiner.

Votre bébé est un conquistador en herbe : vous pouvez le suivre à la trace dans toute la maison, vu tout ce qu'il a jeté par terre ou traîné derrière lui.

Votre compagne commence à avoir des envies de vacances en famille (oui c'est-à-dire à trois avec le bébé). Vous vous dites pourquoi pas sur le principe, sauf que ça tourne à l'idée fixe chez elle. Et si vous partiez autrefois avec votre brosse à dents pour tout bagage, vous devez maintenant accrocher une caravane à la voiture. Sans compter que votre compagne s'attend à ce que vous débordiez d'enthousiasme, mais là c'est trop vous en demander. Un prétexte de plus pour se disputer !

Les bébés semblent imiter davantage les gens auxquels ils font confiance que ceux dont ils se méfient. Et comme votre enfant est encore farouche, vous êtes le modèle à suivre.

Quand votre compagne parle de ranger la chambre d'enfant ou de réparer le robinet qui fuit, elle s'attend à ce que quelqu'un se porte immédiatement volontaire pour réaliser ces corvées. Et ce volontaire, c'est vous !

Votre bébé s'approche avec précaution de nouveaux objets en tendant l'index. Il adore jouer avec le journal et vous agripper par le pull ou la chemise pour attirer votre attention.

Rentrer à la maison après une journée de travail surchargée n'est plus vraiment une perspective réjouissante et peut même se transformer en cauchemar si votre compagne est excédée par les pleurs du bébé. Essayez de détendre l'atmosphère en prenant l'enfant dans vos bras, tout devrait rapidement rentrer dans l'ordre.

Votre bébé comprend qu'une balle qui roule sous un meuble ne disparaît pas totalement. Il prend plaisir à enfermer des objets dans des boîtes et à les en ressortir. Il pleure moins, sauf quand il a peur ou qu'il est en colère, par exemple quand il reste trop longtemps tout seul.

Votre compagne aime les surprises ! Sauf que vous n'avez pas la même définition qu'elle de ce terme. Pour vous, il s'agit d'un événement inattendu, entouré d'un certain mystère, tandis que pour elle c'est : « quelque chose qu'elle a indiqué vouloir posséder et qu'elle pense obtenir bientôt ». À vous de comprendre son appel du pied et de lui offrir ce qu'elle vous a si subtilement suggéré.

Votre bébé se rend compte que la main qu'il regarde avec fascination est identique à celle qu'il fourre dans sa bouche. Il découvre tout d'un coup deux sensations différentes.

Vous remarquez quant à vous que votre humeur a un impact sur votre bébé. Si vous êtes joyeux et détendu, il a de grandes chances de l'être aussi.

Les mères ont le chic pour trimballer tout un barda : couches, lingettes, hochet, lapin en peluche, chapeau, casquette, bonnet, body propre, gigoteuse, bavoir, tétine, sac en plastique refermable avec un biscuit à l'intérieur…
Autant de choses qui vous semblent complètement inutiles lorsque vous, vous décidez de partir en balade avec bébé.

L'interaction permet au bébé de fixer son attention et de développer ses facultés cognitives. La plupart des parents réagissent au quart de tour au moindre son émis par leur bébé. N'en faites pas trop, le bébé finirait par se lasser et par détourner le regard.

Quoi de plus désolant que de voir un bébé s'efforcer d'établir un contact avec son père alors que ce dernier n'en a que pour son smartphone ? Lâchez donc votre téléphone, il peut se passer de vous un instant.

Votre bébé prend de plus en plus plaisir à vous imiter. Il attrape votre téléphone portable et appuie sur les touches. Il se montre coopératif quand vous l'habillez. Il tend les bras pour enfiler facilement son pull. Et surtout, il jette des objets par terre et attend que vous les ramassiez (c'est vous qui jouez le rôle du chien). Il ne se lasse pas de ce petit jeu.

Comme la dernière lubie de votre bébé est d'attraper des objets et de les jeter par terre, vous avez tout intérêt à choisir des jouets incassables : balles en mousse, canards en caoutchouc, peluches… Offrez-lui aussi de temps en temps des objets qui se cassent en atterrissant par terre. Sinon, à douze ans, il ne comprendra toujours rien à la loi de la pesanteur.

Le monde se divise en deux pour les bébés : les choses qui réagissent et les autres. Les premières présentent un certain intérêt, par exemple quand vous faites du bruit ou caressez le chat, contrairement à la télévision ou à un père vissé à son téléphone portable.

Vous prenez maintenant plaisir à lire à votre enfant des livres sur les animaux, par exemple, et sur les bruits qu'ils font. Posez des questions au bébé, inventez des histoires. Et surtout, répétez. Si vous lisez ou racontez plusieurs fois la même histoire, le bébé finira par en raffoler.

Depuis la naissance du bébé, un nouveau rapport de force s'est instauré au sein de votre couple. Vous faites intérieurement le compte des tâches dont vous vous êtes acquittés, de l'argent gagné par chacun et du nombre de fois où chacun s'est levé la nuit pour consoler le bébé ou changer sa couche. C'est maintenant à qui profitera d'un instant rare pour se consacrer à son passe-temps favori ou simplement pour dormir. Attention à ne pas systématiquement tout quantifier, n'oubliez pas que vous êtes avant tout les partenaires d'une même équipe. Discutez des points sensibles et surtout gardez le sourire !

Votre bébé n'est peut-être pas encore capable d'empiler des cubes, mais il a compris la façon de s'y prendre. Il peut s'agenouiller pour attraper quelque chose et se remettre debout sans tomber. Ses babillages sont de plus en plus complexes. Il répète des mots nouveaux à l'infini. Il développe aussi petit à petit des émotions subtiles comme de la tendresse pour une peluche ou de la jalousie à l'égard d'un autre enfant qui entre dans son univers.

Selon certaines études, la langue des signes permet de communiquer plus tôt avec son bébé. N'hésitez donc pas à utiliser des gestes avec votre bébé pour lui montrer comment exprimer la faim, la soif, la volonté d'obtenir quelque chose… vous comprendrez mieux ses frustrations.

Toutes les femmes aiment se vanter de la façon dont leur compagnon les aide à la maison. Mais dans la réalité ça ne se passe pas tout à fait ainsi, non pas parce que vous ne l'aidez pas suffisamment, mais surtout parce que vous ne le faites pas à sa manière. Par exemple, vous nettoyez la table, puis remplissez le lave-vaisselle au lieu de faire le contraire. Et bien sûr vous ne tenez jamais le bébé correctement. Sachez que même si vous adoptez en tous points ses méthodes, elle trouvera encore à redire ! C'est tout un art d'arrondir les angles avec flegme, de garder sa bonne humeur et d'agir quand même à sa guise. Ça relève même de la haute voltige.

La mémoire de votre bébé s'améliore : il reconnaît de nombreux visages, même ceux de personnes qu'il n'a pas vues depuis plusieurs mois et il se souvient de ses jouets. Il ne vous reste plus qu'à foncer au magasin de jouets et à trouver de nouveaux stimulants pour sa mémoire.

Vous pouvez maintenant vous lancer dans de nouvelles aventures avec votre bébé et même envisager d'aller manger à l'extérieur en famille en choisissant un restaurant qui accepte les enfants. Votre bébé n'a quant à lui qu'une idée en tête : faire exploser les beaux verres remplis de vin rouge sur le sol. Et si son vœu ne s'exauce pas, il risque de se mettre à pleurnicher sans se soucier de gâcher la soirée d'autres jeunes parents qui ont confié pour la première fois leur bébé à une baby-sitter pour aller manger en amoureux.

Les bébés jouent côte à côte avec des petits camarades de leur âge, mais pas ensemble. Il faut attendre encore un peu pour qu'ils s'amusent avec d'autres enfants.

Vous déprimez à force de rester à la maison avec votre enfant. Vous avez l'impression de vivre reclus, vous avez le moral dans les chaussettes et prenez du poids. Intellectuellement et physiquement, vous n'êtes pas au mieux de votre forme. Il faut dire que vous êtes toujours fourré au jardin d'enfants en compagnie de mères bardées de sacs à langer, aux vêtements confortables, au visage blême et au regard sombre. Elles ne respirent pas la joie de vivre, ah ça non ! Et le pire, c'est que vous commencez à leur ressembler. Secouez-vous, tout n'est pas perdu, et puis il y aura sûrement des gens pour vous trouver sympathique, patient, sensible, même si vous êtes un peu moins bavard que par le passé.

Votre bébé a une meilleure perception du monde et se montre capable de raisonnements logiques. Des scientifiques ont étudié la capacité de logique chez les bébés afin de repérer certains troubles le plus tôt possible. Ils leur ont montré une vidéo dans laquelle une balle bondissait par-dessus un cube et ils ont observé les mouvements de leurs yeux pour mesurer leur niveau d'étonnement ou de confusion.

C'est également à cet âge que votre bébé découvre la malléabilité et explore les limites de son environnement, non sans manifester une certaine agressivité. Il lui arrive en effet de marteler le sol avec des cubes, de déchirer des livres et de jeter des balles contre les murs. Il apprend qu'un verre de vin rouge fait un autre bruit sur la moquette blanche qu'un bocal à poisson qui éclate sur le carrelage. Détruire est aussi pour lui un moyen d'apprendre.

Votre vie a été tellement bouleversée et vous êtes à ce point épuisé que ces derniers temps vous fondez en larmes sans raison apparente.

Votre bébé éclate de rire si vous avez quelque chose de bizarre sur la tête. Voilà, vous avez enfin un public qui apprécie vos pitreries !
Votre bébé se tient maintenant debout et tombe sans se mettre à pleurer pour autant. Pour lui, se retrouver par terre sur les fesses n'est pas un drame, c'est devenu une habitude.

La paternité est un des phénomènes qui accélèrent le passage de la jeunesse à l'âge mûr. À la télé, les pères sont en général des comiques incompétents, mais si vous interrogez de jeunes hommes sur les qualités que possèdent les « véritables pères », vous recueillerez les réponses les plus diverses : « être présent quand c'est nécessaire », « se sacrifier pour la famille », « rester calme dans la tourmente », « avoir une certaine force morale » et « choisir et suivre son propre chemin ».

Ne vous alarmez pas si votre bébé ne rampe pas ou ne fait pas ses dents à l'âge annoncé dans les livres. Chaque bébé suit son propre rythme. Ne vous laissez pas impressionner non plus par les études qui montrent que les bébés peuvent tout faire et à quel point ils sont malins. N'oubliez pas que les scientifiques n'étudient que les exploits des bébés. En effet, qui s'intéresserait à une étude qui pointerait du doigt leurs bêtises ?

Le cerveau du bébé est passé de 400 g après la naissance à 1 kg. Et ce gros cerveau a besoin d'être alimenté ! Les scientifiques ont de plus en plus tendance à penser que vous, ses parents, avez un rôle-clé à jouer dans son développement. Inutile de lui faire écouter du Bach ou de lui montrer des vidéos éducatives. Non, votre façon d'agir, d'embrasser, de rire, de vous mettre en colère, de même que les différences de comportement entre vous et votre compagne : tout cela est bien plus instructif pour votre enfant.

Votre bébé imite l'aboiement du chien, le meuglement de la vache, les sonneries, et vous bien sûr ! Il va bientôt faire ses premiers pas ou il marche peut-être déjà. Empressez-vous de placer des caméras partout dans la maison pour immortaliser ces instants.

Et voilà, votre adorable bout de chou a un an ! Il ne comprend pas la signification d'un anniversaire et il n'en aura aucun souvenir plus tard. Dommage, car il va y avoir une petite fête organisée en son honneur et un beau gâteau surmonté d'une bougie qu'il pourra attraper avec ses petites mains. Tout à fait instagrammable ! Et en vous y prenant bien, vous pourrez même boire une petite bière tranquillement dans un coin.

Directeur : Jean-Louis Hocq
Directrice éditoriale : Marion Guillemet-Bigeard
Édition : Bérénice Taveau
Traduction : Françoise Chardonnier
Correction : Laura Puechberty
Couverture : Johanna Fritz
Mise en pages : Nord Compo
Fabrication : Laurence Dubosq

SolarEditions

solar_editions

Solar, un département d'Édi8
92 avenue de France
75013 Paris

ISBN : 978-2-263-17157-4
Code éditeur : L17157
Dépôt légal : octobre 2020
Achevé d'imprimer en France par Estimprim en septembre 2020.